Ann-Christin Graé

Die Bergpredigt: Mt 6, 25-34 – Anweisungen für die Gemeinde

GRIN Verlag

Bibliografische Information der Deutschen Nationalbibliothek:

Die Deutsche Bibliothek verzeichnet diese Publikation in der Deutschen National-
bibliografie; detaillierte bibliografische Daten sind im Internet über http://dnb.d-
nb.de/ abrufbar.

Impressum:

Copyright © 2009 GRIN Verlag, Open Publishing GmbH
Druck und Bindung: Books on Demand GmbH, Norderstedt Germany
ISBN: 978-3-640-78841-5

Dieses Buch bei GRIN:

http://www.grin.com/de/e-book/164002/die-bergpredigt-mt-6-25-34-anweisungen-
fuer-die-gemeinde

GRIN - Your knowledge has value

Der GRIN Verlag publiziert seit 1998 wissenschaftliche Arbeiten von Studenten, Hochschullehrern und anderen Akademikern als eBook und gedrucktes Buch. Die Verlagswebsite www.grin.com ist die ideale Plattform zur Veröffentlichung von Hausarbeiten, Abschlussarbeiten, wissenschaftlichen Aufsätzen, Dissertationen und Fachbüchern.

Besuchen Sie uns im Internet:

http://www.grin.com/

http://www.facebook.com/grincom

http://www.twitter.com/grin_com

INHALTSVERZEICHNIS

1 Einleitung

Das Thema des Referats lautet „Mt 6, 25-34 – Anweisungen für die Gemeinde". Diese Textpassage wurde der Bergpredigt des Matthäusevangeliums entnommen und die Überschrift des übergeordneten Absatzes lautet „Vom Schätzesammeln und Sorgen" und schließt noch die Verse 19-24 mit ein. Die letztgenannten Verse beziehen sich auf den Begriff „Schätzesammeln" aus der Überschrift, die Verse 25-34 behandeln das „Sorgen". Die so genannte Bergpredigt umfasst im Matthäusevangelium die Kapitel 5-7 und verdankt ihren Namen dem ersten Vers ihres Abschnittes, in welchem die Örtlichkeit (Berg) der Rede Jesu genannt wird. Die Bergpredigt ist so bekannt wie kaum ein anderer Text im gesamten Neuen Testament. Insbesondere der für dieses Referat zugrunde liegende Text Mt 6, 25-34, dessen Leitmotiv das „Sorgen" ist, „gehört zu den radikalsten Zumutungen der Bergpredigt"[1], da „das Grundthema der menschlichen Selbstsicherung"[2] im Vordergrund steht. Die Textstelle stellt eine hohe Anforderung an die kapitalistische Gesellschaft der heutigen Zeit. Wie die Menschen dieser Konsumgesellschaft dennoch diesen Abschnitt der Bergpredigt für sich annehmen können, soll auch gegen Ende des Referats Gegenstand sein.

Nach einer Grobgliederung der Textstelle wird anhand dieser eine Feingliederung erstellt werden. Von dieser Gliederung als Basis für die Textarbeit ausgehend kann auch der Inhalt erschlossen, erklärt und interpretiert werden.

Als Textgrundlage wird der Bibeltext in der revidierten Fassung von 1984 nach der Übersetzung Martin Luthers verwendet.

---

[1] Feldmeier, Reinhard (Hrsg.): Salz der Erde. Zugänge zur Bergpredigt. Göttingen 1998 (Biblisch-theologische Schwerpunkte, Bd. 14), S. 71.
[2] Ebd.

2

2 Textstelle Mt 6, 25-34

25 Darum sage ich euch: Sorgt nicht um euer Leben, was ihr essen und trinken werdet; auch nicht um euren Leib, was ihr anziehen werdet. Ist nicht das Leben mehr als die Nahrung und der Leib mehr als die Kleidung?

26 Seht die Vögel unter dem Himmel an: sie säen nicht, sie ernten nicht, sie sammeln nicht in die Scheunen; und euer himmlischer Vater ernährt sie doch. Seid ihr denn nicht viel mehr als sie?

27 Wer ist unter euch, der seines Lebens Länge eine Spanne zusetzen könnte, wie sehr er sich auch darum sorgt?

28 Und warum sorgt ihr euch um die Kleidung? Schaut die Lilien auf dem Feld an, wie sie wachsen: sie arbeiten nicht, auch spinnen sie nicht.

29 Ich sage euch, daß auch Salomo in aller seiner Herrlichkeit nicht gekleidet gewesen ist wie eine von ihnen.

30 Wenn nun Gott das Gras auf dem Feld so kleidet, das doch heute steht und morgen in den Ofen geworfen wird: sollte er das nicht vielmehr für euch tun, ihr Kleingläubigen?

31 Darum sollt ihr nicht sorgen und sagen: Was werden wir essen? Was werden wir trinken? Womit werden wir uns kleiden?

32 Nach dem allen trachten die Heiden. Denn euer himmlischer Vater weiß, daß ihr all dessen bedürft.

33 Trachtet zuerst nach dem Reich Gottes und nach seiner Gerechtigkeit, so wird euch das alles zufallen.

34 Darum sorgt nicht für morgen, denn der morgige Tag wird für das Seine sorgen. Es ist genug, daß jeder Tag seine eigene Plage hat.

2.1 Vorbemerkung zur Sorge im Leben

In der Einleitung wurde bereits angesprochen, dass das Sorgen ein zentraler Punkt im Leben des Menschen ist. Um die Sinnlosigkeit des menschlichen Sorgens zu verstehen, welches die Pointe der in diesem Rahmen behandelten Textstelle ist, ist es hilfreich sich hierzu ein paar wenige Vorüberlegungen zu machen.

Der reformierte schweizerische Theologe Leonhard Ragaz stellt fest, dass „das Grundwesen der Welt [...] die Angst (ist)"[3]. Diese Angst kann sich in vielfältiger Weise präsentieren: Angst vor dem Schicksal, Angst vor dem Tod, Angst vor der Not, Angst vor der Leere uvm. Wenn angenommen wird, dass die Sorge zum Menschen gehört, muss hieraus geschlussfolgert werden, dass er versuchen wird sich über diese Angst hinwegzusetzen und Sicherheit begehren wird. Er erhält Sicherheit, indem er für sich und andere materiell vorsorgt, insbesondere in Form von Geld. Hierdurch entsteht jedoch ein Problem: Der Mensch hat unendliche Angst und nur unendlich viel Sicherheit kann (scheinbar) diese Angst vertreiben. Er betäubt sich mit Macht, Ehre und Genuss, welche er für sich durch Geld erwirbt. Diese neu erlangte Macht und Ehre sollen ihm Gott ersetzen. An diesem Punkt wäre die Götzenmacht des Mammons erreicht.[4] Ragaz geht sogar soweit die These zu formulieren, dass der „Kapitalismus [...] ein Riesenversuch (ist), den Verlust Gottes durch das Geld zu ersetzen"[5]. Er sieht eine mögliche Lösung des Problems im Glauben an Gott. Die Angst ist unendlich und ihr ist nur der unendliche Gott, der Herr und Vater, gewachsen. Ragaz schlussfolgert weiter: „Götzen stehen auf, wo Gott nicht ist; wo aber Gott ist, da stürzen die Götzen. Der Mammon stürzt nur vor Gott."[6] Der Mensch kann den Mammon aus seinem Leben vertreiben, indem er anstelle dessen Gott diesen Platz einräumt.

2.2 Vorbemerkung zur Textstelle

Die Verse des gesamten Abschnitts Mt 6, 19-34 haben eine Parallele im Lukasevangelium. Hier sind sie meistens an einer anderen Stelle in unterschiedlichem

---

[3] Ragaz, Leonhard: Die Bergpredigt Jesu. Hamburg 1971, S. 137.
[4] Vgl. ebd.
[5] A.a.O., S. 138.
[6] A.a.O., S. 140.

Kontext verwendet oder differieren leicht in Wortwahl und -anordnung (zum Beispiel Lk 12, 33f. als Pendant zu Mt 6, 19ff. oder Lk 16, 13 als Pendant zu Mt 6, 24). Die Verse Mt 6, 25-34 finden zusammenhängend ihre Entsprechung bei Lk 12, 22-31. Folglich stammen die Sprüche aus der Logienquelle Q, auf welche beide Zugriff hatten und der gesamte längere zusammenhängende Abschnitt Mt 6, 25-31 bzw. Lk 12, 22-31 hat den beiden bereits in der Form dort vorgelegen.

Unterschiedlich ist jedoch der „Sitz im Leben" dieser Verse bei Matthäus und Lukas. Lukas richtet sich mit seiner Mahnung ausschließlich an die ihm nachfolgenden Jünger, während sie bei Matthäus an die gesamte Gemeinde gerichtet wird. Der Unterschied liegt darin, dass Lukas Menschen anspricht, die bereits alles aufgegeben und hinter sich gelassen haben. Bei Matthäus hingegen wird diese Weisung nicht mehr von allen Mitgliedern der Gemeinde befolgt, indem sie auf jegliche Vorsorge verzichten. [7]

2.3 Grobgliederung der Textstelle

Nach dem ersten Lesen des Textes wird das in der Einleitung bereits genannte Leitmotiv des Abschnittes schnell deutlich, da das Wort „Sorgen" in diesem kurzen Textstück sechs Mal auftritt: In Vers 25, 27, 28, 31 und zweimal im Vers 34.

Bei näherer Betrachtung des Passus fällt eine stringente viergliedrige Argumentationsstruktur auf, die durch einzelne Verse, die Verse 27 und 29 unterbrochen wird. Eine erste Grobgliederung der Textstelle könnte wie folgt aussehen:

V. 25: Aussprache Sorgeverbot + 1. Argument

V. 26.28.30: 2. Argumentationsgang mit 3 Beispielen aus der Natur

V. 29: Verstärkung der 3 Beispiele

V. 27: Negative Erklärung: Sorge erhält nicht das Leben

V. 31-33: Zusammenfassung Sorgeverbot + 3. Argument

V. 34: 4. Argument: Begründung Unsinn/Ablehnung der Sorge

Im Folgenden sollen nun die einzelnen Verse kleinschrittiger betrachtet werden.

---

[7] Vgl. Feldmeier, Reinhard (Hrsg.): Salz der Erde. Zugänge zur Bergpredigt. Göttingen 1998 (Biblisch-theologische Schwerpunkte, Bd. 14), S. 73f.

2.3.1 Interpretation der Textstelle

2.3.1.1 Kommentar Vers 25

Im ersten Vers wird das Sorgeverbot mitgeteilt, welches in den sich anschließenden Versen begründet und bekräftigt wird. Die Verwendung des Imperativs („Sorgt nicht...") unterstreicht den Charakter des Verbots und die Wichtigkeit dieser Aussage für Jesus. Er mahnt streng, damit die Güte Gottes, die er verkündigt, gesehen wird. An die Nennung des Sorgeverbots schließt sich sogleich das erste Argument an, welches ein Schöpferargument ist. Die Schöpfungsgaben Leben und Leib sind größer als die menschlichen Produkte Nahrung und Kleidung. Hieraus folgt, wenn Gott das Leben geschenkt hat, dann wird er erst recht Nahrung und Kleidung für seine Kinder besorgen. Grünzweig hat dies treffend formuliert: „Da wird Gott, der uns als ein solches Wunderwerk geschaffen hat und zugleich so, daß wir auf Nahrung und Kleidung angewiesen sind, auch das viel Kleinere tun und tun können, uns täglich in der nötigen Weise mit Nahrung und Kleidung zu versorgen."[8]

Der Argumentationsgang, den auch Grünzweig aufgreift, lässt sich mit dem Fachterminus „a maiori ad minus" bezeichnen, das vom Größeren zum Geringeren bedeutet. Indem Gott den Leib des Menschen und Leben erschaffen hat, liegen das Leben und somit auch der Leib in seiner Obhut. Die Folge, die sich hieraus für den Menschen ableitet, ist die, dass er Gott das Sorgerecht überlassen soll und sich selbst nicht um seinen Unterhalt und Selbsterhalt „zersorgen" soll. Wenn der Mensch Gott diese Aufgabe nicht zusprechen würde, würde Gott seiner Vaterschaft und seines Schöpferseins beraubt und der Mensch ließe keinen Platz mehr für Gottvertrauen in seinem Leben übrig.

2.3.1.2 Kommentare Verse 26.28.30

Die Verse 26, 28 und 30 bilden den zweiten Argumentationsgang, indem in jedem einzelnen Vers ein Beispiel aus der Natur angeführt wird. In Vers 26 werden die Vögel, die nicht säen, ernten und in die Scheunen sammeln genannt. Im achtundzwanzigsten

---

[8] Grünzweig, Fritz: Die Bergpredigt. Antworten auf Fragen von heute. Neuhausen-Stuttgart 1985, S. 179.

Vers werden die Lilien genannt, die wachsen und gedeihen, obwohl sie nicht arbeiten oder spinnen. Auch wird in Vers 30 angegeben, dass das Gras „prächtig gekleidet" wird, obwohl es am nächsten Tag verbrannt wird. Die drei Beispiele werden nochmals verstärkt: Die Lilie war früher eine Unkrautblume, wie zum Beispiel Löwenzahn und das Gras wird „prächtig gekleidet", obwohl es am nächsten Tag nicht mehr existieren wird. An dieser Stelle wird nicht nur die Existenz anderer Schöpfungsteile Gottes, wie Pflanzen und Tiere, dem Menschen einfach untergeordnet, sondern doppelt, da die „Kleinheit und Unwichtigkeit" durch die Beifügungen herausgestellt wird.

Der Argumentationsgang in diesen Versen geht gegensätzlich zu der Argumentation im Vers 25, vom Kleineren zum Größeren, „a minori ad maius".

Es schließt sich die Fragestellung an, ob die Vergleiche mit der Tier- und Pflanzenwelt eins zu eins auf den Menschen übertragbar sind und welche Bedeutung das Nichtstun der Tiere und Pflanzen für den Menschen hat. Soll der Mensch auch den ganzen Tag nichts tun, faul sein und in den Tag hinein leben? Diese Analogiebildung ist nicht möglich, da sie nicht stimmig wäre, weil die Pflicht des Menschen, die Arbeit, bereits im Alten Testament verankert ist. Sie gehört zur Wirklichkeit des menschlichen Alltags, der nicht mehr im Paradies ist. Diese Selbstverständlichkeit des arbeitenden Menschen wird in diesem Abschnitt vorausgesetzt, da sie so selbstverständlich ist wie die Lebensart der Vögel und Lilien, das Nichtstun.

Die Funktion dieser drei Verse zielt in eine positive Richtung, da das Verbot der Sorge nicht im Vordergrund steht: Sie sollen Zutrauen wecken und eine Einladung zum Vertrauen auf Gott sein.

Außerdem sollte am Rande kurz kritisch angemerkt werden, dass diese Beispiele ein optimistisches Naturbild voraussetzen. Ausgeblendet werden die kleineren oder auch größeren Katastrophen in der Natur, wie Tod durch Futtermangel oder Dürreperioden. Bevor jedoch die Textstelle kritisch auf ihre Wörtlichkeit gegengelesen werden könnte, sollte die Intention des Textes, der Aufruf sich mit ganzem, ungeteiltem Herzen auf Gott zu verlassen, deutlich geworden sein.

2.3.1.3 Bedeutung Vers 27 und Vers 29

Beide Verse unterbrechen den Zusammenhang der Argumentation zum Sorgeverbot. Vers 27 verstärkt die Kernaussage „Gottvertrauen", indem eine negative Erklärung gemacht wird, dass die Sorge nicht das Leben erhalten kann. Der Mensch kann das Leben nicht einmal um eine Spanne, einen geringen Zeitraum, verlängern, da er völlig auf die Entscheidung Gottes, der auch das Leben gegeben hat, angewiesen ist. Wenn die Ganzheit unseres Lebens nicht in unserer Hand liegt, müssen Teilbereiche wie Nahrungs- und Kleidungsversorgung auch im Vertrauen an Gott übergeben werden. Vers 29 stellt eine Bekräftigung der drei Beispiele aus der Natur da, da König Salomo sprichwörtlich wegen seiner Pracht bekannt war und dieser nicht an die Herrlichkeit der von Gott Gekleideten heranreichte.

2.3.1.4 Kommentar Verse 31 bis 33

In Vers 31 findet sich eine Wiederholung des in Vers 25 ausgesprochenen Sorgeverbots („Darum sollt ihr nicht sorgen und sagen..."). Vers 32 führt die Heiden als Negativbeispiel an, welchem nicht nachgeeifert werden soll und es findet eine Zusicherung Gottes Kenntnis über unsere Bedürfnisse statt. Die Heiden kennen den himmlischen Vater nicht, der für sie sorgt, folglich können sie diesen auch nicht um Hilfe bitten und ihm vertrauen. Aus diesem Grund sind sie umgetrieben und versuchen sich ständig zu sichern. Obwohl Gott sich der Bedürfnisse des Menschen bewusst ist, können ihm die menschlichen Anliegen z.B. im Gebet vorgetragen werden. Wichtig ist bei dieser Überlegung jedoch, dass eine Informierung Gottes nicht notwendig ist, da sonst seine Allwissenheit, Allgütigkeit und Allmächtigkeit in Frage gestellt würde. Im dreiunddreißigsten Vers ist das dritte Argument lokalisiert, welches argumentiert: Wenn ihr nach dem Reich Gottes trachtet und nach seiner Gerechtigkeit, dann wird euch alles zufallen. Für die konkrete Lebensführung heißt das, dass diese nach den Inhalten des Evangeliums ausgerichtet werden muss.

2.3.1.5 Kommentar Vers 34

In Vers 34 wird die Sorge nochmals abgelehnt. Der Ausspruch stammt nicht von Jesus selbst, sondern aus der jüdischen Weisheitsliteratur. Angesichts der Ungesichertheit des Morgens, soll eine Beschränkung auf das Heute stattfinden. Die gegenwärtige bereits bestehende Belastung, die als Folge der Sünde notwendig geworden ist, soll nicht noch durch die Antizipation möglicher zukünftiger Probleme verstärkt werden. Der Mensch soll Tag für Tag leben, da ihm ein Vorrat auch nach Lk 12, 19ff. nicht verheißen ist. Dieses Leben im Heute findet eine Entsprechung auch im „Vaterunser" („Unser täglich Brot gib uns heute..."), indem wir jeden Tag den Herrn aufs Neue um die tägliche Versorgung bitten können. Heute sorgt der Herr und auch morgen ist er wieder da. Im Anschluss an diese Überlegungen stellt sich die lebenspraktische Frage, ob ein Planen für die Zukunft falsch ist. Diese kann verneint werden, da auch Gott plant (Heilsplan zum Heil des Menschen) und es somit auch zur Gottesebenbildlichkeit des Menschen gehört, dass er planen kann. „Falsch ist nur, wenn der Mensch ohne Gott und an Gott vorbei, ja sogar im Trotz gegen Gott plant."[9]

2.4 Aktualitätsbezug der Textstelle

Alte literarische Texte müssen, wenn sie aktuell und passend bleiben sollen, immer wieder neu ausgelegt und interpretiert werden. Insbesondere auch die Texte in der Bibel müssen von ihrem Kontext und ihrer Zeit her betrachtet und gelesen werden.

Da die heutige Gesellschaft eine Konsumgesellschaft ist, wirkt die Forderung der Bergpredigt in Mt 6, 25-34 wie eine Provokation. Das menschliche Leben ist geprägt von (Vor-)sorgemaßnahmen. Wörtlich gelesen fordert dieser Textpassus eine Befreiung von jeglicher Sorge und Fürsorge, auch könnte eine Entwertung der Arbeit in ihn hineingelesen werden. Letzterer Punkt konnte bereits zuvor unter dem Gliederungspunkt 2.3.1.2 widerlegt werden. Aber auch der erste Punkt, die Befreiung von jeglicher Sorge und Fürsorge als erster Eindruck, muss gerade gerückt werden. Die Sorge und Fürsorge ist christlich und gut, wie auch das Arbeiten als Gottesdienst. Jedoch muss an dieser Stelle unterschieden werden, wann Arbeit ein Gottesdienst und nicht ein Götzendienst ist. Die Arbeit als Götzendienst ist daran erkennbar, dass sie von Geldgier, Profit und Erfolg geleitet wird. Dieses ungläubige Sorgen, „so als ob es keinen Gott und Vater gäbe, kann den Menschen so ausfüllen, wie allein Gott unser Leben ausfüllen darf"[10]. Der Mensch muss ein Gefühl für den richtigen Umgang mit der Sorge bekommen: „Jesus forderte auf, dauernd zwischen richtiger und falscher,

---

[9] Grünzweig, Fritz: Die Bergpredigt. Antworten auf Fragen von heute. Neuhausen-Stuttgart 1985, S. 185.
[10] A.a.O., S. 179.

berechtigter und unberechtigter, konstruktiver und destruktiver, gottvertrauender und gottmißtrauender Sorge zu unterscheiden."[11]

Feldmeier sieht in diesem Teil der Bergpredigt einen „durchaus erstgemeinten Ruf zur Neuorientierung"[12] für unsere kapitalistische Konsumgesellschaft. Ein erstes Nachdenken über die richtige und falsche Sorge des Menschen im rechten Moment wäre ein erster Schritt in die richtige Richtung, in Richtung des Gottesreiches.

---

[11] Mokrosch, Reinhold: Die Bergpredigt im Alltag. Anregungen und Materialien für die Sekundarstufe I/II. Gütersloh 1991, S. 123.
[12] Feldmeier, Reinhard (Hrsg.): Salz der Erde. Zugänge zur Bergpredigt. Göttingen 1998 (Biblisch-theologische Schwerpunkte, Bd. 14), S. 76.

3 Schlussbemerkung

In dieser Schlussbemerkung soll ein kurzer Ausblick auf diesen Teil der Bergpredigt im Religionsunterricht gegeben werden und hierzu erste Überlegungen angestellt werden. Es würde sich eine Unterrichtseinheit in der Sekundarstufe I zum Thema „Besitz und Armut" anbieten, in welchen die Forderungen Jesu aus der Bergpredigt zum Nicht-Sorgen eingebunden werden könnten. Seine Mahnungen könnten als ein Aufruf zu einem neuen Lebensstil betrachtet werden, der eine Welt im Zwiespalt von Luxus und Elend gegebenenfalls abschaffen könnte. Diese provokative Fragestellung könnte mit den Schülerinnen und Schülern diskutiert werden, gut wäre es, wenn ein Schülerbezug hergestellt würde, indem an die eigene Lebenswelt der Schülerinnen und Schüler appelliert wird. Es wären Fragestellungen, wie „Wie könntest du dein Leben oder Teilbereiche in deinem Leben ändern, damit du den Forderungen Jesu nachkommen würdest?".

Die Materialfülle zur Stundengestaltung zum Thema der Bergpredigt ist ungeheuer groß und vielseitig. Es würde hier jedoch zu weit führen, auf einzelne Ideen vertiefter einzugehen.

4 Literaturverzeichnis

Eichholz, Georg: Auslegung der Bergpredigt. Neukirchen-Vluyn [3]1975.

Feldmeier, Reinhard (Hrsg.): Salz der Erde. Zugänge zur Bergpredigt. Göttingen 1998 (Biblisch-theologische Schwerpunkte, Bd. 14).

Grünzweig, Fritz: Die Bergpredigt. Antworten auf Fragen von heute. Neuhausen-Stuttgart 1985.

Knörzer, Wolfgang: Die Bergpredigt. Modell einer neuen Welt. Stuttgart 1968.

Mokrosch, Reinhold: Die Bergpredigt im Alltag. Anregungen und Materialien für die Sekundarstufe I/II. Gütersloh 1991.

Ragaz, Leonhard: Die Bergpredigt Jesu. Hamburg 1971.

Schnackenburg, Rudolf: Alles kann, wer glaubt. Bergpredigt und Vaterunser in der Absicht Jesu. Freiburg im Breisgau 1984.

Schweizer, Eduard: Die Bergpredigt. Göttingen 1982 (Kleine Vandenhoeck-Reihe, 1481).